Paolo Maria Lancia

L'Arte del Nunchi

Percezione ed empatia
nella vita quotidiana

Indice

Prefazione

Scrivere questo libro è stato per me un viaggio tanto personale quanto professionale. L'arte del **nunchi** mi ha sempre affascinato per la sua capacità di collegare profondamente le persone, non solo attraverso le parole, ma soprattutto attraverso l'ascolto silenzioso e la percezione delle sfumature sottili nelle interazioni umane. In un mondo in cui siamo spesso sopraffatti dalla velocità della comunicazione, il nunchi ci invita a rallentare, a prestare attenzione, a osservare l'altro e a comprendere ciò che non viene detto.

Il **nunchi**, un concetto nato dalla cultura coreana, ha il potenziale di trasformare la nostra vita quotidiana, sia personale che professionale. È uno strumento invisibile ma potente, che ci permette di navigare con eleganza tra le dinamiche sociali, di cogliere il momento giusto per agire e di costruire relazioni più solide e autentiche. Nel corso della mia carriera, ho avuto l'opportunità di lavorare con persone di ogni provenienza, dai dirigenti di multinazionali ai piccoli imprenditori, e ho visto come una comprensione più profonda delle dinamiche umane possa fare la differenza tra il successo e il fallimento. La capacità di percepire ciò che ci circonda con attenzione e sensibilità, che è l'essenza del nunchi, è spesso la chiave per sbloccare soluzioni innovative e per creare ambienti di lavoro più collaborativi e armoniosi.

Ho deciso di scrivere **"L'Arte del Nunchi"** non solo per spiegare questo concetto affascinante, ma soprattutto per mostrarne le applicazioni pratiche. In ogni capitolo, troverai esempi concreti di come il nunchi possa essere integrato nella tua vita di tutti i giorni, migliorando la qualità delle tue relazioni, la tua capacità di leadership e persino la tua comprensione di te stesso. Credo fermamente che la padronanza del nunchi possa portare a una vita più empatica e consapevole, dove ogni interazione diventa un'opportunità per connettersi profondamente con gli altri.

Desidero che questo libro diventi una guida per chiunque voglia affinare le proprie capacità relazionali, imparare a leggere le situazioni sociali con maggiore chiarezza e creare legami significativi, tanto nel contesto privato quanto in quello lavorativo. Viviamo in un'epoca in cui la competenza tecnica è importante, ma la capacità di capire e interagire con le persone lo è ancora di più. Il nunchi può essere il segreto per fare la differenza.

Grazie per aver scelto di intraprendere questo viaggio insieme a me. Mi auguro che ciò che imparerai ti aiuti a vivere una vita più ricca, connessa e consapevole.

Con gratitudine,
Paolo Maria Lancia

Capitolo 1: Introduzione al Nunchi

La saggezza non sta nelle parole che diciamo, ma nei silenzi che riusciamo a comprendere

Le Radici del Nunchi: Un'Eredità della Cultura Coreana

Capire l'altro significa ascoltare anche ciò che non viene detto

Il concetto di nunchi, sebbene possa sembrare un'abilità universale nella comunicazione e nelle relazioni, ha profonde radici nella cultura coreana. Il termine stesso, che può essere tradotto approssimativamente come "occhio intuitivo" o "sensibilità", riflette una tradizione di osservazione e comprensione sottili che ha attraversato secoli di storia e pratica sociale. Questa abilità non è solo un elemento della vita quotidiana, ma rappresenta anche un valore fondamentale nella cultura coreana, influenzando profondamente le dinamiche sociali e le relazioni personali.

Le origini del nunchi sono strettamente legate alle antiche tradizioni e filosofie coreane, tra cui il Confucianesimo, che ha avuto un impatto significativo sulla formazione delle norme sociali e delle pratiche relazionali nella Corea del Sud. Il Confucianesimo enfatizza l'importanza delle gerarchie sociali e delle relazioni interpersonali armoniose, elementi che si riflettono chiaramente nel concetto di nunchi. In questo contesto, il nunchi non è solo una questione di percezione fine, ma anche di rispetto e armonia all'interno delle relazioni.

La pratica del nunchi nella società coreana tradizionale può essere vista come una forma di adattamento alle dinamiche sociali rigide e gerarchiche. In una cultura in cui il rispetto per l'autorità e per le norme sociali è di primaria importanza, il nunchi fornisce un modo per navigare queste complessità con sensibilità e intelligenza emotiva. Ad esempio, durante i periodi storici in cui la Corea era sotto il dominio di dinastie imperiali, il nunchi era essenziale per le interazioni corte e per mantenere la propria posizione sociale. Gli individui dovevano essere particolarmente abili nel leggere i segnali non verbali dei superiori e adattare il proprio comportamento di conseguenza per evitare conflitti e per ottenere favori.

Un aspetto chiave del nunchi è la sua applicazione nelle relazioni familiari, che nella cultura coreana sono particolarmente significative. Le famiglie tradizionali coreane seguono un rigido sistema di rispetto e responsabilità reciproca, e il nunchi gioca un ruolo cruciale nel mantenere l'armonia familiare. I membri della famiglia, soprattutto i più giovani, sono tenuti a percepire e rispondere alle esigenze e ai desideri degli altri membri con grande attenzione e discrezione. Questo significa che comprendere le sfumature del comportamento dei genitori o dei nonni, e agire di conseguenza, è una competenza altamente valorizzata.

La tradizione del nunchi si riflette anche nella cortesia e nel comportamento sociale. In Corea, la cortesia è più di un semplice segno di buone maniere; è un'espressione di nunchi. La capacità di capire il momento giusto per intervenire, per fare un complimento o per offrire aiuto senza essere invadenti è vista come una dimostrazione di rispetto e intelligenza sociale. Questo livello di sensibilità è considerato essenziale per costruire e mantenere relazioni positive e per evitare malintesi e conflitti.

Nel contesto moderno, il nunchi continua a giocare un ruolo significativo, sebbene la società coreana si sia evoluta e modernizzata. In ambito lavorativo, ad esempio, la capacità di leggere le dinamiche del team e di rispondere in modo appropriato alle esigenze non dette dei colleghi è vista come una competenza cruciale per il successo. Anche se le strutture aziendali coreane sono cambiate, con un aumento della partecipazione e della comunicazione aperta, il nunchi rimane un'abilità preziosa per navigare le sfide quotidiane e per mantenere relazioni professionali efficaci.

Il nunchi è anche visibile nel modo in cui le persone si relazionano durante le celebrazioni e le festività. Durante eventi sociali come matrimoni e cerimonie, la sensibilità ai segnali non verbali diventa particolarmente importante. Gli ospiti sono attesi per comportarsi con discrezione e per sintonizzarsi sulle esigenze degli ospiti d'onore, dimostrando un alto grado di rispetto e considerazione attraverso le loro azioni e i loro gesti.

Un ulteriore aspetto interessante del nunchi è il suo ruolo nella risoluzione dei conflitti. In una cultura in cui il confronto diretto è spesso evitato, il nunchi offre un metodo per affrontare i problemi in modo indiretto ma efficace. Riconoscere e reagire ai segnali sottili di disagio o di disaccordo permette di risolvere i conflitti senza intensificare la tensione. Questa abilità di gestire i conflitti con tatto e discrezione è un esempio della profonda influenza del nunchi sulla vita quotidiana e sulle interazioni sociali.

In sintesi, il nunchi è molto più di una semplice abilità di lettura sociale; è un pilastro della cultura coreana che riflette secoli di pratica e valore sociale. La sua radice profonda nella filosofia e nelle tradizioni coreane ne fa una competenza fondamentale per comprendere e navigare le dinamiche sociali, sia nella vita quotidiana che in contesti professionali. Imparare e apprezzare il nunchi offre una prospettiva unica su come le relazioni e le interazioni possono essere gestite con sensibilità e rispetto, e può fornire preziosi insegnamenti per chiunque desideri migliorare le proprie competenze relazionali.

Esercizi per integrare il Nunchi:

1. **Osservazione attiva:** In un contesto sociale, prova a focalizzare la tua attenzione su ciò che le persone stanno facendo, piuttosto che su ciò

che stanno dicendo. Nota il loro linguaggio del corpo, le espressioni facciali e il tono di voce.

2. **Pausa prima di rispondere:** Quando sei in una conversazione, fai una piccola pausa prima di rispondere. Questo ti darà il tempo di percepire meglio il tono emotivo dell'interlocutore e di valutare se c'è qualcosa di non detto che puoi cogliere.

3. **Esplora l'ambiente:** In un nuovo ambiente, prima di interagire, fermati per un momento e osserva attentamente l'atmosfera. Quali sono le dinamiche in corso? Come sembrano sentirsi le persone? Qual è il ritmo delle interazioni?

Percezione Sottile: L'Arte di Leggere l'Atmosfera

In un mondo frenetico, l'abilità più preziosa è quella di fermarsi e osservare

Nel mondo di oggi, dominato dalla velocità della comunicazione e dall'eccesso di informazioni, il nunchi diventa un'abilità sempre più cruciale. La capacità di interpretare il contesto sociale e di agire con sensibilità è spesso sottovalutata in un'epoca in cui tendiamo a rispondere istantaneamente, senza prenderci il tempo di osservare ciò che realmente sta accadendo intorno a noi. Tuttavia, proprio in questo ambiente frenetico, il nunchi può fare la differenza tra una connessione profonda e una superficiale.

Le interazioni umane, soprattutto quelle professionali, sono sempre più complesse e multilivello. Il nunchi ci aiuta a vedere oltre le parole, a interpretare i segnali sottili che guidano le dinamiche sociali e a prendere decisioni informate. Ad esempio, in un contesto lavorativo, leggere l'atmosfera di una riunione o il linguaggio del corpo dei colleghi può essere essenziale per capire quando intervenire, quando lasciare spazio agli altri o quando è il momento giusto per proporre una nuova idea.

Il nunchi è particolarmente importante anche nelle relazioni personali. In un'epoca in cui gran parte della nostra comunicazione avviene attraverso schermi, siamo spesso disconnessi dalle emozioni degli altri. Ma chi possiede un forte senso del nunchi riesce a creare legami autentici, percependo i bisogni e i sentimenti altrui, anche se non vengono espressi esplicitamente. Questo non significa soltanto essere empatici, ma agire in modo appropriato al contesto, dimostrando un profondo rispetto per gli altri e per le dinamiche relazionali.

In sintesi, il nunchi ci invita a rallentare, a fare attenzione ai dettagli che ci sfuggono nella fretta quotidiana e a usare queste informazioni per navigare con successo nelle interazioni, sia personali che professionali.

Esercizi per integrare il Nunchi:

1. **Osserva senza intervenire:** In una conversazione o riunione, prova a rimanere in silenzio più a lungo del solito. Concentrati sul linguaggio non verbale degli altri e su come questo possa cambiare nel corso del dialogo.

2. **Sonda le emozioni:** Dopo un incontro o una discussione, rifletti su come ti sei sentito e su come credi si siano sentiti gli altri. C'erano segnali sottili che ti sono sfuggiti? Prova a ricordare espressioni facciali o gesti che hai notato ma non interpretato.

3. **Gestisci il ritmo:** Quando parli con qualcuno, prova a rallentare il tuo ritmo di risposta. Questo ti permetterà di essere più consapevole delle reazioni dell'altro e ti darà il tempo per percepire eventuali segnali nascosti.

Nunchi nel Mondo Moderno: Un'Abilità Globale

Nel silenzio, il mondo parla più chiaramente di quanto le parole possano fare

Il nunchi, tradizionalmente radicato nella cultura coreana, ha trovato applicazione e rilevanza ben oltre i confini della Corea, adattandosi e arricchendo il panorama globale delle competenze interpersonali. In un mondo sempre più interconnesso e globalizzato, il nunchi emerge come una capacità universale, cruciale per navigare le complessità delle relazioni e delle dinamiche sociali moderne. Questa adattabilità del nunchi riflette non solo la sua intrinseca utilità, ma anche la crescente necessità di competenze empatiche e intuitive in un contesto mondiale in continuo cambiamento.

In un'epoca caratterizzata da una comunicazione incessante e dalla sovrabbondanza di informazioni, il nunchi offre uno strumento prezioso per mantenere relazioni efficaci e significative. La crescente diversità culturale e il rapido ritmo degli scambi globali richiedono una comprensione fine delle sfumature sociali che vanno al di là delle parole. Le interazioni interculturali, sia in ambito professionale che personale, sono spesso caratterizzate da differenze nei modi di comunicare, nei valori e nelle aspettative. In questo contesto, il nunchi diventa un ponte per superare le barriere linguistiche e culturali, facilitando una connessione autentica e rispettosa tra individui provenienti da background diversi.

Un esempio lampante di come il nunchi possa essere applicato a livello globale è il mondo degli affari internazionali. Nei contesti lavorativi globali, la capacità di leggere e comprendere le dinamiche non verbali è cruciale per negoziare e collaborare efficacemente. Ad esempio, durante una negoziazione con un partner commerciale proveniente da un'altra cultura, le differenze nel modo di esprimere accordo o disaccordo possono essere sottili ma significative. In molte culture asiatiche, ad esempio, il consenso potrebbe essere indicato da un comportamento più riservato, mentre in culture occidentali potrebbe essere espresso in modo più diretto. Avere un forte senso del nunchi permette di leggere questi segnali e di adattare la propria strategia di conseguenza, evitando malintesi e costruendo rapporti di lavoro più solidi e produttivi.

Un'altra area in cui il nunchi si dimostra un'abilità globale di grande valore è il networking professionale. In eventi e conferenze internazionali, dove le interazioni possono essere rapide e superficiali, il nunchi aiuta a stabilire connessioni significative. La capacità di notare e rispondere ai segnali sottili durante le conversazioni, come i cambiamenti nel tono della voce o la postura, può fare la differenza tra una semplice presentazione e una connessione genuina. Questo è particolarmente utile quando si interagisce con persone di diverse culture, poiché il nunchi aiuta a navigare le differenze e a trovare terreno comune, facilitando la costruzione di reti professionali internazionali.

Nel contesto delle relazioni personali, il nunchi si rivela altrettanto utile. Le relazioni moderne sono spesso influenzate da una varietà di fattori, tra cui le differenze culturali e i diversi stili comunicativi. Ad esempio, quando si fa amicizia con persone provenienti da altre culture o si entra in una relazione romantica con qualcuno di un diverso background culturale, il nunchi può aiutare a comprendere meglio le aspettative e le sensibilità dell'altro. La capacità di riconoscere e rispondere adeguatamente a segnali non verbali, come le espressioni facciali e il linguaggio del corpo, favorisce una comunicazione più efficace e una connessione più profonda.

Il nunchi, inoltre, trova applicazione in contesti educativi e formativi globali. Gli educatori e i formatori che possiedono una forte consapevolezza del nunchi sono in grado di adattare i loro metodi di insegnamento alle esigenze individuali degli studenti, riconoscendo le differenze nei livelli di partecipazione e nelle reazioni emotive. Questo approccio empatico non solo migliora l'esperienza di apprendimento, ma favorisce anche un ambiente educativo più inclusivo e rispettoso delle diversità culturali e personali.

Il nunchi non è solo una competenza personale, ma anche una risorsa per le organizzazioni che cercano di adattarsi e prosperare in un contesto globale. Le aziende che investono nello sviluppo delle competenze di nunchi tra i loro dipendenti possono ottenere un vantaggio competitivo significativo. La capacità di comprendere e navigare le dinamiche interculturali e interpersonali contribuisce a creare ambienti di lavoro più collaborativi e innovativi, facilitando la gestione dei conflitti e migliorando la comunicazione interna e esterna.

In conclusione, il nunchi rappresenta un'abilità fondamentale per il mondo moderno, offrendo un mezzo per superare le barriere linguistiche e culturali, migliorare le relazioni interpersonali e facilitare la comunicazione efficace in una varietà di contesti. La sua capacità di adattarsi e arricchire le interazioni globali riflette la sua importanza crescente in un mondo sempre più interconnesso e complesso. Imparare e applicare il nunchi non solo favorisce una comprensione più profonda degli altri, ma contribuisce anche a costruire un mondo più armonioso e collaborativo.

Esercizi per integrare il Nunchi:

1. **Pratica il silenzio intenzionale:** Durante la tua prossima conversazione, fai una pausa deliberata di alcuni secondi prima di rispondere. Usa quel tempo per osservare attentamente il linguaggio del corpo e l'espressione facciale dell'altra persona.

2. **Silenzio in gruppo:** In una riunione o situazione sociale, pratica l'ascolto silenzioso. Non cercare subito di intervenire, ma osserva come le dinamiche cambiano e quali informazioni emergono dalle interazioni non verbali.

3. **Rifletti dopo il silenzio:** Dopo un momento di silenzio in una conversazione, prendi nota mentalmente di come la pausa ha influenzato il dialogo. Ha permesso all'altro di esprimersi meglio? Ti ha dato informazioni aggiuntive su come reagire?

Capitolo 2: Nunchi nelle Relazioni Personali

La vera connessione nasce quando smettiamo di ascoltare con le orecchie e iniziamo a percepire con il cuore

Empatia e Connessione: Il Cuore del Nunchi nelle Relazioni

L'empatia non è solo capire cosa l'altro prova, ma anche agire per farlo sentire compreso

Il nunchi è più che una semplice abilità di lettura sociale: è uno strumento che permette di creare connessioni autentiche e profonde con gli altri. Al centro del nunchi nelle relazioni personali c'è l'empatia, ovvero la capacità di percepire e comprendere i sentimenti altrui, anche quando non sono esplicitamente espressi. Quando interagiamo con gli altri, non sempre ci rendiamo conto di quanto i gesti, le espressioni e persino i silenzi possano trasmettere messaggi importanti. Il nunchi ci invita a essere più presenti e attenti in ogni interazione, affinché possiamo cogliere questi segnali e rispondere con sensibilità.

In una relazione, sia essa familiare, amicale o romantica, il nunchi diventa uno strumento per rafforzare i legami. Una buona connessione non si basa solo sulla comunicazione verbale, ma sulla capacità di sentire quando l'altro ha bisogno di spazio, conforto o semplicemente di essere ascoltato. L'empatia nunchi si traduce non solo nel capire l'altro, ma nel fare piccoli gesti che dimostrano tale comprensione. Ad esempio, in una relazione intima, il partner con un forte senso del nunchi sa quando l'altro ha bisogno di parlare e quando invece necessita di silenzio o supporto emotivo.

Come il Nunchi Migliora le Relazioni Personali:

- **Ascolto attivo:** Piuttosto che limitarsi a sentire le parole, il nunchi ci insegna ad ascoltare con tutti i sensi. Il tono della voce, le pause, gli sguardi e le micro-espressioni possono raccontare molto di più di ciò che viene detto.

- **Adattamento empatico:** Il nunchi ci permette di adattare il nostro comportamento in base all'atmosfera o alle necessità del momento. Ad esempio, in una discussione accesa, chi possiede un buon nunchi capirà quando è il momento di moderare il tono o di concedere spazio.

- **Rispetto dei confini:** Un altro aspetto cruciale del nunchi è la capacità di percepire quando l'altro ha bisogno di spazio personale. Questo rispetto dei confini rafforza la fiducia e la comprensione reciproca in una relazione.

Piccoli Gesti che Fanno la Differenza:

- **Contatto visivo:** Uno sguardo pieno di attenzione può far sentire l'altra persona compresa e valorizzata.

- **Gesti non verbali:** Un tocco sulla spalla o un sorriso al momento giusto possono trasmettere un messaggio di sostegno senza bisogno di parole.

- **Silenzi significativi:** A volte, il miglior modo per dimostrare empatia è rimanere in silenzio, mostrando che siamo presenti e disposti ad ascoltare, senza interrompere o giudicare.

Esercizi per integrare il Nunchi:

1. **Pratica l'ascolto profondo:** Durante una conversazione, prova a rimanere completamente presente, non solo con le orecchie, ma anche con gli occhi e il cuore. Osserva come cambia la qualità della connessione.

2. **Adattati al contesto emotivo:** In una relazione, prova a percepire lo stato emotivo dell'altra persona senza dover chiedere esplicitamente. Cosa ti dicono i suoi gesti e il suo tono di voce? Prova a rispondere in modo adeguato al bisogno del momento

3. **Gesti di cura silenziosa:** Ogni giorno, fai un piccolo gesto non verbale che dimostri comprensione e supporto verso una persona cara, come un sorriso o un gesto di gentilezza.

Decifrare il Non Verbale: I Segreti di un Dialogo Silenzioso

Il linguaggio del corpo è il primo modo in cui comunichiamo, eppure è quello che ascoltiamo meno

Il non verbale è un linguaggio silenzioso che parla continuamente. Mentre le parole possono mentire o essere manipolate, i gesti, le espressioni facciali e il linguaggio del corpo rivelano la verità nascosta dietro la maschera sociale. Il nunchi si fonda sulla capacità di interpretare questo dialogo invisibile, permettendoci di leggere ciò che gli altri non esprimono a parole. Questa abilità diventa fondamentale nelle relazioni personali, poiché ci aiuta a comprendere i sentimenti e le emozioni delle persone che ci circondano, anche quando non vengono esplicitamente dichiarati.

Ho sperimentato personalmente il potere di decifrare il linguaggio non verbale in innumerevoli situazioni, e ogni volta mi ha sorpreso quanto poco la gente faccia attenzione ai segnali che invia o riceve. Durante una delle mie consulenze aziendali, mi trovavo a trattare una negoziazione tra due team di una grande azienda internazionale. Le conversazioni si svolgevano formalmente, con toni pacati e parole calibrate, ma c'era qualcosa nell'aria che non mi convinceva. Notai che uno dei membri chiave di un team, nonostante sorridesse e annuiva, teneva le braccia incrociate e guardava spesso altrove. Anche quando cercava di essere partecipe, la sua postura rigida e il suo sguardo sfuggente mi dicevano che non era coinvolto come sembrava.

Durante una pausa, colsi l'occasione per parlargli privatamente. Gli chiesi come si sentisse riguardo all'incontro e lui, inizialmente sorpreso, confessò che aveva delle riserve importanti sul progetto di cui stavano discutendo, ma non si sentiva a suo agio a esprimerle apertamente. Era preoccupato che il suo feedback negativo potesse rallentare i progressi e creare tensioni nel gruppo. Grazie alla mia osservazione del suo linguaggio del corpo, fui in grado di capire che c'era un problema che non era stato affrontato verbalmente. Successivamente, facilitai una conversazione più trasparente, in cui quel membro poté esprimere le sue preoccupazioni in modo costruttivo, e il progetto ne uscì rafforzato. Questo episodio mi ha ricordato ancora una volta quanto il non verbale sia fondamentale per comprendere la verità delle situazioni.

Un altro esempio proviene dalla mia vita personale. Durante un incontro con un caro amico, avevo notato che, nonostante lui dicesse di stare bene, c'era una tensione palpabile nel suo modo di parlare. Si sistemava continuamente la giacca, come se si sentisse a disagio, e ogni volta che affrontavamo un argomento personale, sorrideva in modo forzato. La sua voce era ferma, ma i suoi occhi raccontavano una storia diversa. In quel momento, ho deciso di non limitarmi alle sue parole. Gli ho chiesto come stesse davvero, lasciando che il silenzio tra di noi facesse da cornice alla mia domanda. Dopo qualche secondo di esitazione, si è aperto e mi ha raccontato di un problema personale che lo stava affliggendo da tempo, ma che aveva tentato di ignorare o mascherare con una facciata di serenità. Il mio nunchi mi ha permesso di vedere oltre la superficie e di creare uno spazio in cui si sentiva sicuro a esprimere la sua vulnerabilità.

Il linguaggio non verbale, infatti, è spesso più potente delle parole, e il nunchi è l'arte di leggerlo. Alcuni dei segnali che possiamo notare includono:

- **Postura e gesti:** Le braccia incrociate possono indicare difensività o chiusura, mentre le mani aperte e i palmi visibili spesso trasmettono apertura e fiducia. Un cambiamento improvviso di postura, come raddrizzarsi o spostarsi bruscamente, può indicare disaccordo o disagio.

- **Espressioni facciali:** Il viso è una delle prime aree da osservare. Anche un lieve cambiamento nell'espressione, come un sopracciglio sollevato o una smorfia involontaria, può rivelare emozioni nascoste. Il contatto visivo, o la sua mancanza, è un segnale importante: uno sguardo sfuggente può indicare nervosismo, insicurezza o persino bugie.

- **Movimenti nervosi:** Il toccarsi ripetutamente il viso, mordersi le labbra o aggiustarsi i capelli possono essere segnali di nervosismo o di un tentativo di nascondere qualcosa.

- **Respiro e tono di voce:** Anche la respirazione e il tono di voce possono dire molto. Un respiro affannato o un cambiamento improvviso di ritmo nel discorso indicano spesso tensione emotiva. Una voce più bassa e calma, invece, può segnalare comfort e sicurezza.

In tutti questi casi, il nunchi ci invita a non fermarci alle parole, ma a considerare il quadro più ampio: come si muovono le persone, come cambiano il tono della loro voce, e cosa i loro corpi ci stanno dicendo. Il dialogo silenzioso è spesso il più onesto e imparziale, perché sfugge al controllo razionale e volontario che mettiamo nelle parole.

Esercizi per integrare il Nunchi:

1. **Osserva le espressioni facciali:** In una conversazione, fai attenzione ai piccoli cambiamenti di espressione. Un lieve sorriso o una smorfia possono dirti molto su come l'altra persona si sente davvero.

2. **Monitora la postura:** Durante un incontro o una discussione, osserva come cambia la postura dell'altro mentre la conversazione evolve. Questo può indicare il suo livello di coinvolgimento o disagio.

3. **Fai attenzione al contatto visivo:** Il contatto visivo costante può suggerire attenzione e apertura, mentre un distogliere lo sguardo frequente può indicare insicurezza o evasività. Prova a notare come cambia il contatto visivo durante una conversazione e se è coerente con le parole dette.

Evitare Conflitti: Come il Nunchi Può Salvare le Tue Relazioni

Il conflitto può nascere da mille piccole incomprensioni; il nunchi è la chiave per evitarle e trasformarle in opportunità di crescita

Il conflitto è una parte inevitabile delle relazioni umane, ma la capacità di prevenire e gestire efficacemente i conflitti può fare la differenza tra una relazione che prospera e una che si deteriora. Il nunchi, con la sua attenzione acuta ai segnali non verbali e la sua comprensione intuitiva delle dinamiche interpersonali, si rivela uno strumento potente per evitare e risolvere conflitti. Questa competenza non solo aiuta a leggere l'atmosfera di una situazione, ma guida anche nella risposta appropriata per mantenere armonia e comprensione.

Il nunchi ci insegna a essere sensibili ai segnali sottili che possono indicare insoddisfazione o disagio prima che questi sentimenti esplodano in conflitto aperto. Ad esempio, immaginate di essere in una riunione di lavoro in cui uno dei membri del team sembra improvvisamente ritirarsi, incrociando le braccia e evitando il contatto visivo. Questi segnali possono suggerire disagio o disaccordo, anche se la persona non ha espresso chiaramente le sue preoccupazioni. Un buon uso del nunchi consente di affrontare il problema prima che si trasformi in un conflitto, chiedendo gentilmente se c'è qualcosa che non va e offrendo un'opportunità per discutere le preoccupazioni.

Un'esperienza personale che dimostra come il nunchi possa evitare conflitti risale a un progetto importante che stavo gestendo per un cliente. Durante un incontro di aggiornamento, notai che uno dei membri del mio team sembrava sempre più silenzioso e distante. Anche se il team aveva appena ricevuto feedback positivo, il suo comportamento suggeriva una certa tensione. Decisi di prendere un momento per parlare con lui privatamente. Con una domanda aperta e una postura empatica, scoprì che si sentiva trascurato nelle discussioni e che aveva preoccupazioni non espresse riguardo alla direzione del progetto. Questo confronto precoce, basato sull'osservazione dei segnali non verbali, evitò un possibile conflitto e permise di risolvere le preoccupazioni prima che influissero negativamente sulla dinamica del team.

Per comprendere come il nunchi possa prevenire conflitti, è utile considerare alcuni principi chiave e segnali da osservare:

- **Osservazione dei segnali sottili:** I segnali non verbali, come cambiamenti nella postura, nel tono della voce e nel linguaggio del corpo, spesso precedono i conflitti. Imparare a notare questi segnali precoci può aiutare a intervenire tempestivamente.

  - **Postura chiusa:** Braccia incrociate, corpo inclinato all'indietro e sguardi sfuggenti possono indicare disagio o riserva. Questi segnali possono preannunciare un conflitto imminente se non vengono affrontati.

- o **Variazioni nel tono di voce:** Un tono più alto o più teso può suggerire irritazione o stress. Prestare attenzione a questi cambiamenti può aiutare a identificare le tensioni prima che esplodano.

- o **Silenzi e pause:** Momenti di silenzio prolungato o pause improvvise nella conversazione possono indicare che qualcuno sta riflettendo su qualcosa di scomodo o non ha intenzione di condividere un problema.

- **Intervento tempestivo:** Una volta notati i segnali di disagio, è essenziale intervenire in modo proattivo. Questo può includere:

- o **Chiedere chiarimenti:** Porre domande aperte per comprendere meglio le preoccupazioni dell'altro senza giudicare. Ad esempio, "Ho notato che sei stato più silenzioso oggi. C'è qualcosa che ti preoccupa?"

- o **Offrire supporto:** Dimostrare disponibilità e apertura a discutere qualsiasi problema. La volontà di ascoltare può spesso prevenire l'escalation del conflitto.

- o **Risoluzione anticipata:** Se le preoccupazioni sono espresse, cercare di risolverle subito. Discutere le divergenze e trovare un terreno comune può ridurre la probabilità di conflitti futuri.

- **Comunicazione empatica:** Utilizzare l'empatia come guida nella comunicazione. Questo significa ascoltare attivamente, mostrare comprensione e rispondere in modo che l'altra persona si senta rispettata e valorizzata.

  - o **Riflettere i sentimenti:** Mostrare che si comprende il punto di vista dell'altro riflettendo i suoi sentimenti. Ad esempio, "Capisco che ti senti frustrato riguardo a questo aspetto del progetto."

  - o **Valorizzare le opinioni:** Anche quando ci sono divergenze, riconoscere e rispettare le opinioni degli altri. Questo aiuta a prevenire la sensazione di essere ignorati o svalutati, che può alimentare il conflitto.

Un altro esempio che illustra come il nunchi possa prevenire conflitti si verifica nelle relazioni personali. Durante una cena con amici, notai che uno dei miei amici, solitamente molto socievole, era particolarmente silenzioso e distaccato. Questo cambiamento nel suo comportamento mi fece capire che qualcosa non andava. Dopo aver parlato con lui, scoprii che era in difficoltà con una questione personale, ma aveva paura di condividerla. Affrontare la situazione con sensibilità e offrire il mio supporto senza forzare lo scambio, evitò un potenziale conflitto e rafforzò la nostra amicizia.

Il nunchi non solo aiuta a evitare conflitti, ma promuove anche un ambiente di comunicazione aperta e di rispetto reciproco. In un contesto familiare, professionale o amicale, questa sensibilità ai segnali non verbali e la capacità di intervenire con empatia e comprensione possono trasformare potenziali situazioni conflittuali in opportunità di crescita e di rafforzamento delle relazioni.

Concludendo, il nunchi offre un metodo efficace per prevenire e gestire i conflitti osservando e interpretando i segnali non verbali, intervenendo tempestivamente e comunicando con empatia. Questo approccio non solo riduce le tensioni, ma contribuisce anche a costruire relazioni più forti e armoniose, basate su una comprensione profonda e rispettosa dei bisogni e delle preoccupazioni degli altri.

Capitolo 3: Nunchi nel Mondo del Lavoro

"Nel mondo del lavoro, il nunchi è la chiave che trasforma la competenza tecnica in un'abilità strategica, affinando la nostra capacità di leggere e rispondere alle dinamiche invisibili del successo professionale

Il Nunchi come Strumento di Leadership: Guidare con Percezione

La leadership non è solo guidare un team verso un obiettivo, ma farlo comprendendo e anticipando le loro esigenze e reazioni. Il nunchi è l'arte di vedere ciò che non viene detto e di rispondere con intuizione e saggezza

Nel contesto professionale contemporaneo, la leadership efficace richiede molto più di competenze tecniche e capacità decisionali. La vera forza di un leader risiede nella sua abilità di navigare le complesse dinamiche interpersonali e di influenzare positivamente il team attraverso una comprensione profonda delle emozioni e delle motivazioni degli individui. In questo scenario, il nunchi emerge come uno strumento cruciale per guidare con percezione, consentendo ai leader di agire con una sensibilità superiore alle esigenze e alle dinamiche del loro ambiente.

Nel mondo del lavoro, i leader si trovano frequentemente a gestire situazioni in cui le comunicazioni dirette non bastano a rivelare l'intera portata delle problematiche e delle opportunità. La capacità di percepire le sottigliezze non verbali e di leggere tra le righe delle interazioni quotidiane può fare una differenza significativa nel successo di una squadra e nel raggiungimento degli obiettivi aziendali. Il nunchi, con la sua enfasi sulla percezione e sull'intuizione, consente ai leader di comprendere le dinamiche di gruppo e di anticipare le reazioni dei membri del team, ottimizzando la loro gestione e motivazione.

In una mia esperienza professionale, ricordo un momento cruciale in cui la mia intuizione e il mio utilizzo del nunchi hanno avuto un impatto significativo. Durante una fase di cambiamento strategico in un'importante iniziativa aziendale, notai che, nonostante le riunioni andassero bene e tutti sembrassero d'accordo, c'era una palpabile tensione tra i membri del team. Le loro espressioni facciali, i toni di voce e i piccoli segnali di chiusura suggerivano un disagio che non veniva verbalizzato. Decisi di dedicare del tempo a conversazioni individuali con i membri del team, ascoltando attentamente e osservando le loro reazioni. Questo mi permise di identificare preoccupazioni e risentimenti sottostanti, che, se non affrontati, avrebbero potuto degenerare in conflitti aperti e compromettere il progetto. Utilizzando queste informazioni, fui in grado di riorientare le comunicazioni e modificare le strategie in modo da allineare meglio le aspettative del team e facilitare un clima di cooperazione più armonioso.

Il nunchi aiuta i leader a percepire le sfide e le opportunità che non sono immediatamente evidenti. In situazioni di conflitto, ad esempio, la capacità di leggere i segnali non verbali consente di intervenire tempestivamente per prevenire escalation. Un leader con un buon senso del nunchi è in grado di identificare tensioni emergenti tra membri del team, comprese le differenze nei livelli di coinvolgimento o nelle reazioni emotive, e di adottare misure correttive prima che il problema diventi insormontabile. Questa abilità di anticipare e rispondere proattivamente non solo riduce il rischio di conflitti, ma promuove anche un ambiente di lavoro più positivo e produttivo.

In aggiunta, il nunchi offre ai leader la capacità di adattare il proprio stile di leadership alle esigenze individuali dei membri del team. Ogni persona reagisce in modo diverso agli stimoli e alle pressioni del lavoro. Un leader efficace, grazie al nunchi, può discernere le differenze nei modi di lavorare e di comunicare, e personalizzare il proprio approccio per massimizzare l'efficacia e il benessere del team. Questo approccio personalizzato non solo migliora le performance individuali ma contribuisce anche a creare un ambiente di lavoro inclusivo e motivante.

La capacità di ascoltare e rispondere con empatia è fondamentale nel ruolo di leadership. Il nunchi permette ai leader di riconoscere quando i membri del team stanno affrontando difficoltà personali o professionali e di intervenire con supporto e comprensione. Ad esempio, durante una fase di alta pressione lavorativa, un leader può notare che un membro del team sta mostrando segni di stress o stanchezza. Utilizzando il nunchi, il leader può offrire supporto mirato, magari attraverso una discussione privata o una modifica temporanea delle responsabilità, per alleviare il carico e mantenere alta la motivazione.

Nel mondo del lavoro globale e multiculturale di oggi, il nunchi diventa ancora più prezioso. Le differenze culturali influenzano le modalità di comunicazione e le aspettative nei contesti professionali. Un leader che padroneggia il nunchi è in grado di navigare queste differenze con grazia e competenza, riconoscendo e rispettando le varie norme culturali e adattando le proprie strategie di leadership di conseguenza. Questa sensibilità interculturale non solo facilita la gestione dei team internazionali, ma favorisce anche la costruzione di relazioni professionali solide e rispettose a livello globale.

In sintesi, il nunchi è un potente strumento per i leader moderni, offrendo una chiave per guidare con percezione e intuizione. La capacità di leggere i segnali non verbali, di anticipare le reazioni e di rispondere con empatia non solo migliora la gestione dei team e la risoluzione dei conflitti, ma promuove anche un ambiente di lavoro positivo e produttivo. In un mondo complesso e interconnesso, il nunchi rappresenta una risorsa inestimabile per qualsiasi leader che desideri esercitare una leadership efficace e ispiratrice.

Collaborazione e Armonia: Nunchi nelle Dinamiche di Gruppo

La vera collaborazione non è solo una questione di coordinamento delle attività, ma di armonizzazione delle emozioni e delle intuizioni. Il nunchi è l'arte di leggere e rispondere ai bisogni invisibili che promuovono l'armonia del gruppo

Nel contesto lavorativo, la capacità di lavorare efficacemente all'interno di un gruppo è cruciale per il successo e la produttività. Tuttavia, creare e mantenere un ambiente di collaborazione e armonia richiede più della semplice gestione delle attività e delle responsabilità. È fondamentale comprendere e navigare le dinamiche interpersonali che influenzano il modo in cui i membri del gruppo interagiscono e lavorano insieme. In questo ambito, il nunchi emerge come uno strumento essenziale per facilitare una collaborazione armoniosa e produttiva.

Il nunchi, con la sua attenzione ai segnali sottili e alle dinamiche non verbali, offre una chiave per comprendere le interazioni all'interno di un team. Ogni gruppo è composto da individui con personalità diverse, motivazioni varie e stili di comunicazione unici. Queste differenze possono influenzare significativamente la qualità della collaborazione e l'armonia del gruppo. Il nunchi permette di percepire e gestire queste differenze in modo da promuovere un ambiente di lavoro coeso e produttivo.

Nel contesto delle dinamiche di gruppo, il nunchi aiuta a identificare le tensioni e i potenziali conflitti che possono sorgere tra i membri del team. Le tensioni possono manifestarsi in modi sottili e meno evidenti, come cambiamenti nel comportamento, nel linguaggio del corpo e nelle interazioni quotidiane. Un leader o un membro del team che possiede un forte senso del nunchi è in grado di notare questi segnali prima che diventino problematici. Questa capacità di percepire e interpretare le dinamiche sottili consente di intervenire in modo tempestivo, affrontando i problemi e ristabilendo l'armonia all'interno del gruppo.

La collaborazione efficace dipende anche dalla capacità di leggere e adattarsi alle esigenze e alle emozioni degli altri. Il nunchi fornisce una comprensione intuitiva delle motivazioni e delle preoccupazioni dei membri del team, consentendo una comunicazione più empatica e una gestione delle relazioni più sensibile. Questa comprensione non si basa solo su ciò che viene detto, ma anche su come viene detto e su ciò che non viene comunicato verbalmente. Il nunchi permette di colmare queste lacune, facilitando una comunicazione che è non solo chiara ma anche rispettosa e supportiva.

Inoltre, il nunchi promuove un ambiente di lavoro armonioso riconoscendo e valorizzando i contributi e le competenze individuali di ciascun membro del team. Ogni individuo porta con sé un insieme unico di abilità, esperienze e punti di vista. Un leader che applica il nunchi è in grado di riconoscere e apprezzare queste diversità, integrandole in modo che contribuiscano al successo complessivo del gruppo. Questo approccio non solo migliora la qualità del lavoro, ma aumenta anche la soddisfazione e il coinvolgimento dei membri del team.

Un aspetto cruciale del nunchi nelle dinamiche di gruppo è la capacità di facilitare la risoluzione dei conflitti in modo costruttivo. In ogni gruppo possono sorgere disaccordi e divergenze di opinioni. Il nunchi aiuta a gestire questi conflitti con una comprensione più profonda delle radici delle tensioni e delle esigenze di tutti i coinvolti. Gestire i conflitti con il nunchi significa affrontare le problematiche con una sensibilità che considera le emozioni e le percezioni di tutti i membri del gruppo, promuovendo soluzioni che soddisfano le esigenze collettive e individuali.

Per integrare il nunchi nelle dinamiche di gruppo e migliorare la collaborazione e l'armonia, è utile praticare alcune strategie:

1. **Osservare e Ascoltare:** Presta attenzione ai segnali non verbali e alle sottili dinamiche interpersonali durante le interazioni di gruppo. Notare come i membri del team reagiscono e si comportano può fornire indizi preziosi su come stanno vivendo le situazioni e su eventuali tensioni latenti.

2. **Empatia e Comunicazione:** Utilizza l'empatia per comprendere meglio le prospettive e le emozioni degli altri. Comunica in modo che rispetti e consideri i sentimenti e le preoccupazioni degli altri, cercando di creare un ambiente di dialogo aperto e sincero.

3. **Gestione dei Conflitti:** Affronta i conflitti con un approccio basato sul nunchi, cercando di comprendere le cause profonde delle divergenze e di trovare soluzioni che rispettino le esigenze di tutti i membri del team. Favorisci una risoluzione che promuova l'armonia e il consenso piuttosto che il confronto.

4. **Riconoscere e Valorizzare le Differenze:** Apprezza e integra le diverse competenze e punti di vista all'interno del gruppo. Utilizza il nunchi per capire come ogni membro può contribuire al successo del team e valorizza i loro sforzi e contributi.

5. **Adattamento e Flessibilità:** Sii pronto ad adattare il tuo stile di leadership e le tue strategie di collaborazione in base ai segnali e alle esigenze del gruppo. Il nunchi ti aiuta a essere flessibile e a rispondere in modo appropriato alle dinamiche in evoluzione.

In sintesi, il nunchi è un potente strumento per promuovere la collaborazione e l'armonia nelle dinamiche di gruppo. Attraverso la percezione acuta dei segnali non verbali e la capacità di leggere tra le righe delle interazioni, il nunchi consente di gestire le relazioni interpersonali con una comprensione profonda e sensibile. Integrare il nunchi nelle pratiche quotidiane di lavoro aiuta a costruire un ambiente di lavoro più coeso, produttivo e armonioso, dove ogni membro del team può contribuire al successo collettivo e sentirsi valorizzato e rispettato.

Negoziare con Successo: Sfruttare il Nunchi per Ottenere Risultati

La negoziazione non riguarda solo il raggiungimento di un accordo, ma il creare un'intesa che rispecchi e rispetti le esigenze e le aspettative di tutte le parti coinvolte. Il nunchi è l'arte di leggere tra le righe e di adattare la strategia in tempo reale per ottenere risultati ottimali

Nel mondo degli affari, la negoziazione è una competenza fondamentale che può determinare il successo o il fallimento di una transazione, di una partnership o di una decisione strategica. Una negoziazione efficace non si basa unicamente sulla preparazione tecnica e sulla conoscenza dei dettagli contrattuali, ma anche sulla capacità di comprendere e gestire le dinamiche interpersonali che influenzano le trattative. In questo contesto, il nunchi emerge come uno strumento cruciale per ottenere risultati attraverso una comprensione profonda delle emozioni, delle intenzioni e delle motivazioni delle parti coinvolte.

Il nunchi, con il suo focus sulla percezione e sull'intuizione, permette ai negoziatori di navigare le complessità delle trattative con una maggiore sensibilità. Durante una negoziazione, è fondamentale saper riconoscere e interpretare i segnali non verbali, le espressioni facciali e i toni di voce delle controparti. Questi segnali spesso forniscono informazioni preziose su come le altre parti stanno realmente percependo la discussione e quali sono le loro reali preoccupazioni e priorità.

Ad esempio, durante una trattativa commerciale, è possibile che le controparti mostrino segni di disagio o insoddisfazione che non vengono espressi verbalmente. Un negoziatore abile nel nunchi è in grado di percepire questi segnali sottili e di adattare la propria strategia di conseguenza. Questa capacità di lettura non verbale consente di apportare modifiche all'approccio negoziale in modo da affrontare le preoccupazioni non dette e migliorare la probabilità di raggiungere un accordo favorevole.

Inoltre, il nunchi aiuta a comprendere le dinamiche di potere e le motivazioni sottostanti delle controparti. Ogni partecipante a una negoziazione ha le proprie motivazioni e obiettivi, che possono influenzare il modo in cui si comporta e reagisce durante le trattative. Utilizzando il nunchi, è possibile individuare le vere priorità delle controparti e adattare la propria proposta per allinearsi meglio a queste priorità, creando così una base più solida per un accordo reciprocamente vantaggioso.

La capacità di adattarsi in tempo reale durante una negoziazione è un altro aspetto fondamentale del nunchi. Le trattative possono evolversi rapidamente, con nuove informazioni e cambiamenti che influenzano le dinamiche della discussione. Un negoziatore con un buon senso del nunchi è in grado di riconoscere e rispondere a questi cambiamenti con flessibilità e agilità. Questa capacità di adattamento consente di mantenere la trattativa su un percorso produttivo e di reagire prontamente a qualsiasi ostacolo o opportunità che si presenti.

Il nunchi è anche utile per costruire e mantenere relazioni positive durante e dopo la negoziazione. La negoziazione non è un processo isolato, ma fa parte di un contesto più ampio di relazioni professionali. La capacità di dimostrare empatia e comprensione nei confronti delle altre parti contribuisce a costruire fiducia e a stabilire una base solida per future collaborazioni. Un negoziatore che utilizza il nunchi è in grado di gestire le interazioni in modo da favorire una comunicazione rispettosa e costruttiva, aumentando così le possibilità di mantenere una relazione positiva anche dopo la conclusione della negoziazione.

Infine, il nunchi può essere utilizzato per anticipare e prevenire eventuali conflitti che potrebbero sorgere durante le trattative. La percezione dei segnali non verbali e la comprensione delle dinamiche emotive permettono di identificare potenziali punti di attrito e di affrontarli in modo proattivo. Questo approccio preventivo riduce il rischio di conflitti e facilita una risoluzione delle divergenze che soddisfi tutte le parti coinvolte.

Esercizi per integrare il nunchi:

1. **Osservazione delle Dinamiche Non Verbali:** Durante le negoziazioni o le discussioni, fai attenzione ai segnali non verbali delle controparti. Nota le loro espressioni facciali, il linguaggio del corpo e i toni di voce. Riflettendo su questi segnali, cerca di interpretare le loro reali preoccupazioni e priorità.

2. **Adattamento delle Strategie:** Sii pronto ad adattare la tua strategia di negoziazione in base alle percezioni e alle dinamiche emergenti. Se noti segnali di disagio o di interesse particolare, modifica il tuo approccio per rispondere a queste indicazioni e ottimizzare le possibilità di raggiungere un accordo.

3. **Costruzione della Fiducia:** Utilizza il nunchi per dimostrare empatia e comprensione durante la negoziazione. Cerca di costruire una relazione basata su rispetto e fiducia, dimostrando attenzione alle esigenze e alle preoccupazioni delle altre parti.

4. **Prevenzione dei Conflitti:** Identifica e affronta proattivamente i potenziali punti di attrito. Utilizza il nunchi per riconoscere i segnali di tensione e intervenire in modo da prevenire conflitti e facilitare una risoluzione costruttiva.

In sintesi, il nunchi è uno strumento potente per negoziare con successo, offrendo la capacità di percepire e rispondere alle dinamiche sottili delle trattative. Attraverso la lettura dei segnali non verbali, la comprensione delle motivazioni delle controparti e la flessibilità nell'adattare le strategie, il nunchi consente di ottenere risultati ottimali e di costruire relazioni professionali durature e positive. Integrando il nunchi nelle pratiche di negoziazione, si possono raggiungere accordi più efficaci e soddisfacenti per tutte le parti coinvolte.

Capitolo 4: Come Sviluppare il Proprio Nunchi

Sviluppare il proprio nunchi è un viaggio di consapevolezza e intuizione. Non si tratta solo di affinare la capacità di leggere gli altri, ma di comprendere e gestire le proprie percezioni e reazioni con sensibilità e saggezza

L'Osservazione Consapevole: Coltivare la Tua Capacità di Percezione

L'osservazione consapevole è il punto di partenza per sviluppare un nunchi acuto. Significa andare oltre le apparenze e afferrare le sottigliezze che rivelano le verità nascoste delle interazioni umane

Nel percorso di sviluppo del nunchi, l'osservazione consapevole rappresenta una pietra miliare fondamentale. Questa pratica non si limita a un'osservazione superficiale degli eventi o delle persone, ma implica un'attenzione profonda e una consapevolezza acuta dei dettagli sottili e delle dinamiche interpersonali. L'osservazione consapevole è l'arte di percepire le sfumature delle interazioni quotidiane e di utilizzarle per migliorare la propria comprensione e reazione alle situazioni.

La Natura dell'Osservazione Consapevole

L'osservazione consapevole si basa su una profonda consapevolezza e un'attenzione meticolosa ai segnali non verbali e alle dinamiche interpersonali. Questo approccio richiede non solo una visione chiara delle situazioni, ma anche una sensibilità raffinata alle emozioni e alle intenzioni degli altri. Per coltivare questa capacità, è essenziale:

1. **Essere Presenti nel Momento:**
    L'osservazione consapevole inizia con la presenza totale nel momento presente. Evitare distrazioni e concentrarsi completamente sulle interazioni e sulle situazioni attuali è cruciale per percepire i segnali sottili che possono passare inosservati.

2. **Notare i Dettagli Sottili:**
    Prestare attenzione ai dettagli sottili come espressioni facciali, tono di voce e linguaggio del corpo è essenziale. Questi segnali non verbali spesso rivelano informazioni chiave riguardo allo stato emotivo e alle reazioni delle persone.

3. **Ascoltare Attivamente:**
    L'ascolto attivo va oltre la semplice udizione delle parole. Implica una comprensione profonda di ciò che viene comunicato, sia verbalmente che non verbalmente. Questo richiede una concentrazione attenta e una riflessione sulle parole e sui segnali non espressi.

4. **Riflettere sulle Reazioni:**
    Dopo aver osservato, è importante riflettere sulle reazioni e sulle interpretazioni personali. Chiediti come le tue percezioni e i tuoi pregiudizi potrebbero influenzare la tua interpretazione dei segnali ricevuti.

5. **Praticare la Consapevolezza Emotiva:**
    La consapevolezza emotiva è fondamentale per interpretare correttamente le emozioni degli altri. Essere

consapevoli delle proprie emozioni e reazioni aiuta a
evitare che queste influenzino negativamente
l'osservazione degli altri.

Strategie per Coltivare l'Osservazione Consapevole

Per sviluppare e affinare la capacità di osservazione consapevole, è
utile adottare alcune strategie pratiche:

1. **Esercizi di Attenzione:**
    Pratica esercizi di attenzione quotidiana per migliorare la
    tua capacità di concentrarti sui dettagli. Ad esempio,
    dedica alcuni minuti al giorno a osservare attentamente
    l'ambiente circostante, notando dettagli che solitamente
    non consideri.

2. **Diario di Osservazione:**
    Mantieni un diario di osservazione in cui annoti le tue
    osservazioni e riflessioni sulle interazioni quotidiane.
    Questo strumento ti aiuta a sviluppare una maggiore
    consapevolezza delle tue percezioni e a identificare
    schemi e tendenze.

3. **Feedback e Auto-Riflessione:**
    Richiedi feedback da colleghi o amici fidati sulle tue
    osservazioni e interpretazioni. Utilizza queste
    informazioni per affinare la tua capacità di percezione e
    migliorare la tua consapevolezza.

4. **Meditazione e Mindfulness:**
    Integra pratiche di meditazione e mindfulness nella tua
    routine quotidiana per migliorare la tua capacità di
    rimanere presente e concentrato. Queste pratiche
    aiutano a sviluppare una maggiore consapevolezza delle
    proprie reazioni e delle dinamiche circostanti.

5. **Formazione Continua:**
   Partecipa a corsi o workshop sulla comunicazione non verbale e l'intelligenza emotiva. Questi programmi possono fornire strumenti e tecniche aggiuntive per migliorare la tua osservazione consapevole.

Applicazioni Pratiche dell'Osservazione Consapevole

L'osservazione consapevole può essere applicata in vari contesti per migliorare la comprensione e la gestione delle relazioni interpersonali. Alcuni ambiti di applicazione includono:

1. **Incontri di Lavoro:**
   Durante le riunioni e le discussioni di lavoro, utilizzare l'osservazione consapevole per comprendere meglio le reazioni e le opinioni dei partecipanti. Questo ti permette di adattare la tua comunicazione e le tue proposte per rispondere più efficacemente alle esigenze e alle preoccupazioni degli altri.

2. **Relazioni Interpersonali:**
   Nelle relazioni personali, applica l'osservazione consapevole per percepire i segnali emotivi e le dinamiche sottostanti. Questo ti aiuta a gestire le interazioni con maggiore empatia e a costruire relazioni più autentiche e significative.

3. **Negoziazioni e Mediazioni:**
   Durante le negoziazioni, utilizza la tua capacità di osservazione consapevole per leggere le intenzioni e le preoccupazioni delle altre parti. Questo ti permette di adattare la tua strategia e di affrontare le questioni in modo più costruttivo.

4. **Leadership e Gestione:**
   In qualità di leader o manager, applica l'osservazione

consapevole per comprendere le dinamiche del team e per rispondere alle esigenze e alle preoccupazioni dei membri. Questo favorisce una gestione più efficace e una maggiore coesione del gruppo.

In conclusione, l'osservazione consapevole è una componente essenziale dello sviluppo del nunchi e delle competenze relazionali. Coltivare questa capacità attraverso l'attenzione ai dettagli, la riflessione e la pratica consapevole migliora la comprensione delle dinamiche interpersonali e facilita una comunicazione più empatica e efficace. Implementare le strategie suggerite e applicare l'osservazione consapevole in vari contesti contribuisce a sviluppare un nunchi raffinato, capace di arricchire le tue interazioni e di ottenere risultati più soddisfacenti nelle relazioni personali e professionali.

Mindfulness e Nunchi: Un Connubio per l'Autoconsapevolezza

La mindfulness è il terreno fertile su cui cresce il nunchi. Attraverso una consapevolezza profonda e continua, si affina la capacità di percepire con precisione le sfumature delle interazioni umane e di rispondere con saggezza e intuizione

Nel contesto dello sviluppo del nunchi, la mindfulness rappresenta un elemento fondamentale per raggiungere e mantenere un'elevata autoconsapevolezza. La mindfulness, o consapevolezza, implica la pratica di focalizzare l'attenzione sul momento presente e di osservare i propri pensieri, emozioni e sensazioni senza giudizio. Questo stato di consapevolezza permette di affinare la percezione e di migliorare la comprensione delle dinamiche interpersonali, creando così un terreno fertile per l'evoluzione del nunchi.

La Sinergia tra Mindfulness e Nunchi

La combinazione di mindfulness e nunchi offre un potente strumento per sviluppare una percezione più acuta e una maggiore comprensione delle interazioni umane. Entrambe le pratiche si integrano per migliorare la capacità di interpretare segnali sottili, gestire emozioni e rispondere in modo empatico e efficace. Alcuni aspetti chiave di questa sinergia includono:

1. **Consapevolezza del Momento Presente:**
   La mindfulness aiuta a mantenere l'attenzione nel momento presente, evitando che la mente vaghi tra pensieri passati e futuri. Questa consapevolezza continua

è essenziale per percepire accuratamente le dinamiche e le emozioni nel corso delle interazioni.

2. **Osservazione Non Giudicante:**
   La pratica della mindfulness incoraggia un'osservazione non giudicante dei propri pensieri e delle proprie emozioni. Questo approccio aiuta a ridurre i pregiudizi e le interpretazioni errate, permettendo una lettura più chiara e imparziale dei segnali non verbali degli altri.

3. **Gestione delle Emozioni:**
   Attraverso la mindfulness, è possibile sviluppare una maggiore consapevolezza delle proprie emozioni e reazioni. Questa gestione consapevole delle emozioni permette di rispondere alle situazioni con maggiore calma e lucidità, migliorando la qualità delle interazioni e delle decisioni.

4. **Empatia e Intuizione:**
   La mindfulness favorisce uno stato di apertura e disponibilità che potenzia l'empatia e l'intuizione. Un individuo consapevole è più capace di percepire e rispondere alle esigenze e alle emozioni degli altri, migliorando la qualità delle relazioni e delle comunicazioni.

Strategie per Integrare la Mindfulness nello Sviluppo del Nunchi

Per integrare efficacemente la mindfulness nello sviluppo del nunchi, è utile adottare alcune strategie pratiche:

1. **Pratiche di Meditazione:**
   Dedica tempo giornaliero alla meditazione per sviluppare una maggiore consapevolezza del momento presente. La meditazione mindfulness aiuta a migliorare la

concentrazione e la capacità di osservazione, creando una base solida per affinare il nunchi.

2. **Esercizi di Respirazione Consapevole:**
   Integra esercizi di respirazione consapevole nella tua routine quotidiana per mantenere un senso di calma e centratura. La respirazione consapevole aiuta a gestire lo stress e a migliorare la chiarezza mentale, facilitando una migliore percezione delle dinamiche interpersonali.

3. **Mindfulness nelle Interazioni:**
   Applica la mindfulness durante le interazioni quotidiane per migliorare la tua capacità di ascolto e osservazione. Focalizzandoti completamente sull'interlocutore e sui segnali non verbali, puoi sviluppare una maggiore comprensione delle sue intenzioni e emozioni.

4. **Riflessione e Auto-Osservazione:**
   Dedica tempo alla riflessione e all'auto-osservazione per comprendere meglio le tue reazioni e i tuoi comportamenti. Analizzare le tue risposte e le tue percezioni ti aiuta a identificare aree di miglioramento e a sviluppare una maggiore consapevolezza delle tue dinamiche interpersonali.

5. **Formazione Continua:**
   Partecipa a corsi e workshop sulla mindfulness e sull'intelligenza emotiva per approfondire le tue competenze. La formazione continua ti fornisce nuove tecniche e prospettive per migliorare la tua pratica e integrare la mindfulness nello sviluppo del nunchi.

Benefici della Combinazione di Mindfulness e Nunchi

L'integrazione di mindfulness e nunchi offre numerosi benefici sia a livello personale che professionale:

1. **Miglioramento della Comunicazione:**
    La consapevolezza consente di ascoltare e rispondere
    con maggiore chiarezza e precisione, migliorando la
    qualità delle comunicazioni e facilitando interazioni più
    efficaci e significative.

2. **Gestione Efficace dei Conflitti:**
    Una maggiore consapevolezza delle emozioni e delle
    reazioni personali facilita la gestione dei conflitti in modo
    più equilibrato e razionale, riducendo la possibilità di
    escalation e favorendo risoluzioni costruttive.

3. **Potenziamento delle Relazioni Interpersonali:**
    L'empatia e la comprensione approfondita dei segnali
    emotivi migliorano la qualità delle relazioni personali e
    professionali, creando legami più autentici e duraturi.

4. **Sviluppo della Leadership:**
    La combinazione di mindfulness e nunchi migliora la
    capacità di guidare con intuizione e consapevolezza,
    potenziando le competenze di leadership e migliorando
    la gestione dei team.

5. **Aumento della Competenza Emotiva:**
    La consapevolezza emotiva sviluppata attraverso la
    mindfulness contribuisce a una maggiore intelligenza
    emotiva, migliorando la capacità di percepire e
    rispondere alle dinamiche emozionali degli altri.

In sintesi, la sinergia tra mindfulness e nunchi rappresenta un
potente strumento per sviluppare una maggiore
autoconsapevolezza e affinare la percezione delle interazioni
umane. Attraverso pratiche di consapevolezza e attenzione al
momento presente, è possibile migliorare la qualità delle relazioni,
gestire le emozioni e rispondere con intuizione e saggezza.
Integrare la mindfulness nello sviluppo del nunchi non solo
arricchisce le competenze relazionali, ma contribuisce anche a una
crescita personale e professionale più equilibrata e consapevole.

Esercizi Quotidiani: Praticare il Nunchi nella Vita di Tutti i Giorni

Il nunchi si coltiva attraverso la pratica quotidiana e l'osservazione costante. Ogni giorno offre l'opportunità di affinare la propria percezione e di rispondere con maggiore consapevolezza e sensibilità alle sfide quotidiane

Il nunchi, essendo una competenza sofisticata e sfumata, richiede una pratica continua e una dedizione quotidiana per essere affinato e migliorato. La sua applicazione nella vita di tutti i giorni può sembrare complessa, ma attraverso esercizi mirati e consapevoli, è possibile sviluppare e potenziare questa abilità in modo sistematico. Questi esercizi aiutano a integrare il nunchi nelle routine quotidiane, migliorando la capacità di percepire, comprendere e rispondere efficacemente alle dinamiche interpersonali.

Esercizi Quotidiani per Praticare il Nunchi

1. **Osservazione Attiva:**
   Dedica alcuni minuti ogni giorno per esercitare l'osservazione attiva. Focalizzati su un aspetto particolare delle interazioni quotidiane, come il linguaggio del corpo o le espressioni facciali delle persone con cui interagisci. Nota i dettagli sottili e rifletti su ciò che possono rivelare riguardo alle emozioni e alle intenzioni delle persone.

2. **Ascolto Profondo:**
   Durante le conversazioni, pratica l'ascolto profondo. Concentrati completamente su ciò che viene detto senza distrazioni e senza preparare mentalmente la tua

risposta mentre l'altro parla. Cerca di cogliere non solo le parole, ma anche i sentimenti e le preoccupazioni sottostanti.

3. **Riflessione Post-Interazione:**
    Dopo ogni interazione significativa, prendit: un momento per riflettere su come è andata. Analizza le tue osservazioni e le tue reazioni, e valuta se hai percepito correttamente i segnali non verbali e le emozioni. Chiediti se ci sono aree in cui potresti migliorare la tua risposta o comprensione.

4. **Pratica della Consapevolezza Emotiva:**
    Ogni giorno, fai un breve esercizio di consapevolezza emotiva. Prenditi del tempo per identificare e riflettere sulle tue emozioni e reazioni nel corso della giornata. Questo ti aiuta a comprendere meglio come le tue emozioni influenzano la tua percezione e le tue risposte nelle interazioni con gli altri.

5. **Giornale di Osservazioni:**
    Mantieni un diario delle tue osservazioni quotidiane. Annota dettagli riguardanti le tue interazion:, le tue percezioni e le tue riflessioni. Questo esercizio ti permette di monitorare i tuoi progressi e di identificare schemi ricorrenti che possono offrire intuizioni preziose sul tuo sviluppo del nunchi.

6. **Esercizi di Empatia:**
    Scegli un momento della giornata per metterti nei panni degli altri e riflettere su come potrebbero sentirsi in diverse situazioni. Questo esercizio di empatia aiuta a sviluppare una comprensione più profonda delle emozioni e delle reazioni degli altri, migliorando la tua capacità di rispondere in modo sensibile e appropriato.

7. **Adattamento e Flessibilità:**
    Prova a modificare il tuo comportamento e le tue risposte in base alle osservazioni che fai. Ad esempio, se

noti che qualcuno sembra stressato o preoccupato,
adatta la tua comunicazione per essere più rassicurante e
comprensivo. La flessibilità nella risposta alle dinamiche
interpersonali è una componente chiave del nunchi.

8. **Feedback e Miglioramento:**
   Cerca attivamente feedback da parte di colleghi, amici o
   familiari sulle tue interazioni e la tua comunicazione.
   Utilizza questo feedback per riflettere su come puoi
   migliorare le tue competenze di nunchi e per apportare
   modifiche al tuo comportamento e alle tue risposte.

Applicazione degli Esercizi Quotidiani

1. **Interazioni Professionali:**
   Applica questi esercizi nelle tue interazioni professionali
   per migliorare la tua capacità di comprendere e gestire le
   dinamiche di lavoro. La pratica dell'osservazione attiva e
   dell'ascolto profondo è particolarmente utile durante le
   riunioni e le collaborazioni con i colleghi.

2. **Relazioni Personali:**
   Utilizza gli esercizi di consapevolezza emotiva e di
   empatia nelle tue relazioni personali per costruire legami
   più forti e autentici. L'adattamento e la flessibilità nelle
   risposte alle esigenze degli altri migliorano la qualità
   delle tue relazioni e favoriscono una comunicazione più
   armoniosa.

3. **Situazioni Sociali:**
   Nelle situazioni sociali, come eventi o incontri informali,
   applica l'osservazione attiva e la riflessione post-
   interazione per affinare la tua comprensione delle
   dinamiche sociali e migliorare la tua capacità di
   rispondere in modo appropriato e sensibile.

4. **Sviluppo Personale:**
    Integra questi esercizi nella tua routine quotidiana come parte di un impegno costante per il miglioramento personale. Monitorando i tuoi progressi e riflettendo sulle tue esperienze, puoi affinare ulteriormente la tua capacità di nunchi e raggiungere un maggiore equilibrio nelle tue interazioni.

In sintesi, la pratica quotidiana del nunchi attraverso esercizi mirati e consapevoli è essenziale per sviluppare e affinare questa competenza. L'osservazione attiva, l'ascolto profondo e la riflessione post-interazione sono strumenti potenti per migliorare la tua percezione e la tua comprensione delle dinamiche interpersonali. Implementando questi esercizi nella tua vita quotidiana, puoi migliorare le tue competenze relazionali e raggiungere un maggiore livello di consapevolezza e intuizione nelle tue interazioni.

Capitolo 5: Il Nunchi nella Cultura Italiana

Il nunchi, con la sua raffinata arte di percepire e rispondere alle sfumature delle interazioni umane, trova una risonanza profonda nella cultura italiana, dove l'abilità di leggere i segnali sottili e di adattarsi alle dinamiche sociali è tanto preziosa quanto radicata nella tradizione

Adattare il Nunchi alle Interazioni Sociali Italiane

Adattare il nunchi alle interazioni sociali italiane richiede una fusione di percezione acuta e sensibilità culturale, dove l'arte di leggere le sfumature sociali viene arricchita dalla comprensione delle tradizioni e dei valori locali

Adattare il nunchi alle interazioni sociali italiane comporta una sinergia tra l'arte coreana di percepire e rispondere alle dinamiche interpersonali e le peculiarità culturali dell'Italia. La cultura italiana, con le sue profonde radici storiche, artistiche e sociali, presenta caratteristiche uniche che influenzano il modo in cui le persone comunicano e interagiscono. Comprendere e integrare queste specificità culturali nel proprio utilizzo del nunchi può migliorare notevolmente l'efficacia delle relazioni personali e professionali in Italia.

Le Peculiarità delle Interazioni Sociali Italiane

L'Italia è un paese noto per la sua vivace vita sociale e per l'importanza attribuita alle relazioni interpersonali. Alcuni elementi chiave delle interazioni sociali italiane includono:

1. **Espressività Emotiva:**
   Gli italiani sono noti per la loro espressività emotiva e la comunicazione vivace. Le espressioni facciali, il linguaggio del corpo e il tono della voce giocano un ruolo cruciale nella comunicazione, e saper leggere questi segnali è essenziale per comprendere appieno le intenzioni e le emozioni degli interlocutori.

2. **Importanza della Cortesia e dell'Etichetta:**
   La cortesia e il rispetto delle norme di etichetta sono fondamentali nelle interazioni sociali italiane. Il modo in cui ci si presenta e si interagisce con gli altri può influenzare notevolmente la percezione e il successo delle relazioni.

3. **Valore della Famiglia e delle Relazioni Sociali:**
   La famiglia e le relazioni sociali rivestono un'mportanza centrale nella cultura italiana. Le dinamiche familiari e sociali possono influenzare le aspettative e le interazioni, e comprendere questi aspetti è cruciale per navigare con successo nelle relazioni personali e professionali.

4. **Rituali Sociali e Tradizioni:**
   Le tradizioni e i rituali sociali, come i pasti in famiglia, le celebrazioni e le festività, giocano un ruolo significativo nella vita italiana. Partecipare e rispettare questi rituali può migliorare le relazioni e dimostrare una comprensione e un apprezzamento per la cultura locale.

Adattare il Nunchi alle Specificità Italiane

Per adattare il nunchi alle interazioni sociali italiane, è necessario integrare la sensibilità culturale con le competenze di percezione e risposta tipiche del nunchi. Ecco alcuni suggerimenti per questa integrazione:

1. **Leggere le Espressioni Emotive:**

   o **Osservazione dei Segnali Non Verbali:** Durante le interazioni, presta particolare attenzione alle espressioni facciali, ai gesti e al tono della voce. In Italia, la comunicazione non verbale è particolarmente importante, e la capacità di interpretare questi segnali ti aiuterà a comprendere meglio le emozioni e le intenzioni degli altri.

   o **Riconoscere le Sfumature Culturali:** Le espressioni emotive possono variare significativamente tra culture diverse. Essere consapevoli delle specificità italiane ti permetterà di interpretare correttamente i segnali e di rispondere in modo appropriato.

2. **Dimostrare Cortesia e Rispetto:**

   o **Adottare un Comportamento Appropriato:** Segui le norme di cortesia e di etichetta, come l'uso dei titoli formali e la pratica di buone maniere durante le interazioni. Questo aiuterà a

mantenere una buona impressione e a
facilitare relazioni positive.

- o **Essere Sensibili alle Tradizioni:**
Mostrare rispetto per le tradizioni e i
rituali sociali italiani dimostra una
comprensione e un'apprezzamento per
la cultura locale, migliorando le tue
relazioni e facilitando un'interazione più
armoniosa.

3. **Navigare le Dinamiche Familiari e Sociali:**

- o **Comprendere le Priorità Familiari:** In
Italia, la famiglia gioca un ruolo centrale
nella vita di molte persone. Essere
consapevoli delle dinamiche familiari e
rispettare le priorità familiari ti aiuterà a
costruire relazioni più solide e
autentiche.

- o **Interagire con Sensibilità:** Nelle
situazioni sociali, come i pasti in famiglia
e le celebrazioni, mostra una
comprensione delle norme e delle
aspettative locali. Questo dimostra una
sensibilità culturale e facilita una
partecipazione più fluida e apprezzata.

4. **Adattare le Risposte e le Reazioni:**

- o **Essere Flessibili e Adattabili:** Modifica il
tuo comportamento e le tue risposte in
base ai segnali e alle dinamiche culturali

osservati. La flessibilità è fondamentale per rispondere in modo efficace alle esigenze e alle aspettative degli interlocutori.

- o **Rispondere con Empatia e Intelligenza:** Utilizza il nunchi per rispondere con empatia e intelligenza, dimostrando una comprensione profonda delle emozioni e delle dinamiche sociali italiane. Questo miglioramento della tua sensibilità culturale arricchirà le tue interazioni e le tue relazioni.

Benefici dell'Adattamento del Nunchi alla Cultura Italiana

Adattare il nunchi alle interazioni sociali italiane offre numerosi benefici:

1. **Miglioramento delle Relazioni Interpersonali:**

   - o **Costruzione di Legami Solidi:** Una maggiore comprensione delle dinamiche culturali e una risposta appropriata ai segnali emotivi possono aiutare a costruire relazioni più forti e durature.

2. **Efficacia nelle Comunicazioni Professionali:**

   - o **Facilitazione delle Interazioni di Lavoro:** La sensibilità culturale e la capacità di leggere correttamente i segnali sociali possono migliorare la comunicazione e la collaborazione in contesti professionali.

3. **Accoglienza e Integrazione nella Cultura Locale:**

   - **Adattamento alla Vita Italiana:** Integrare il nunchi con una comprensione delle specificità culturali italiane facilita l'adattamento alla vita e alle interazioni in Italia, migliorando l'esperienza complessiva e la soddisfazione personale.

In sintesi, adattare il nunchi alle interazioni sociali italiane richiede una fusione di percezione acuta e sensibilità culturale. Integrando le competenze del nunchi con una comprensione delle peculiarità culturali italiane, è possibile migliorare le relazioni personali e professionali, facilitare le interazioni e arricchire la propria esperienza culturale. La combinazione di queste competenze offre un potente strumento per navigare con successo nelle dinamiche sociali italiane e per costruire legami più significativi e autentici.

Oltre i Confini: Espandere il Nunchi nella Vita Quotidiana Italiana

Espandere il nunchi nella vita quotidiana italiana significa arricchire ogni interazione con una sensibilità più profonda e una comprensione più ampia, permettendo di navigare tra le complessità culturali e sociali con maggiore facilità e autenticità

Espandere il nunchi nella vita quotidiana italiana può offrire un'opportunità unica per migliorare le relazioni personali e professionali, oltre a facilitare una maggiore comprensione della cultura locale. Sebbene il nunchi abbia radici profonde nella cultura coreana, i suoi principi possono essere adattati e applicati con successo anche nel contesto italiano, contribuendo a una comunicazione più efficace e a interazioni più armoniose. Vediamo come è possibile fare questo passo oltre i confini culturali e utilizzare il nunchi per arricchire la vita quotidiana in Italia.

Adattare il Nunchi ai Contesti Italiani

Per adattare il nunchi alla vita quotidiana italiana, è importante considerare le specificità culturali e sociali del contesto in cui ci si trova. Alcuni aspetti fondamentali includono:

1. **Comprendere il Contesto Sociale:**

   o **Osservare le Dinamiche Sociali:** In Italia, le interazioni sociali sono spesso influenzate da norme culturali e tradizioni specifiche. Osservare attentamente queste dinamiche ti aiuterà a comprendere meglio come applicare il nunchi in contesti sociali diversi.

- **Rispettare le Tradizioni Locali:** Mostrare un rispetto genuino per le tradizioni italiane, come le festività, i rituali e le consuetudini locali, ti aiuterà a integrarti meglio e a interagire in modo più efficace.

2. **Leggere le Emozioni e le Intenzioni:**

   - **Percepire le Sfumature Emotive:** Gli italiani sono spesso molto espressivi, e riconoscere le sfumature emotive nelle conversazioni è fondamentale per applicare il nunchi in modo efficace. Presta attenzione ai segnali non verbali, come il linguaggio del corpo e le espressioni facciali.

   - **Rispondere con Sensibilità:** Utilizza la tua capacità di percepire le emozioni per rispondere in modo empatico e appropriato. Questo non solo facilita la comunicazione, ma dimostra anche una comprensione profonda delle esigenze e dei sentimenti degli altri.

3. **Navigare le Relazioni Sociali e Professionali:**

   - **Adattare il Comportamento alle Situazioni:** Saper modificare il proprio comportamento e le proprie reazioni in base al contesto sociale è essenziale. In Italia, questo potrebbe significare adattare il proprio stile di comunicazione e la propria presentazione a seconda della situazione e del pubblico.

- o **Facilitare le Interazioni Professionali:** Applicare il nunchi nel contesto professionale italiano può migliorare la collaborazione e la comunicazione. Comprendere le dinamiche di gruppo e le aspettative degli altri può aiutarti a navigare le interazioni lavorative con maggiore facilità e successo.

Applicare il Nunchi nella Vita Quotidiana

Espandere il nunchi nella vita quotidiana italiana implica l'integrazione dei suoi principi in diversi aspetti della vita. Ecco alcuni suggerimenti su come applicare il nunchi in vari contesti quotidiani:

1. **Incontri Sociali e Familiari:**

- o **Partecipare con Empatia:** Quando partecipi a incontri sociali o familiari, utilizza il nunchi per percepire le dinamiche e le aspettative degli altri. Mostrare un interesse genuino per le conversazioni e le interazioni contribuirà a costruire relazioni più forti e autentiche.

- o **Rispondere alle Esigenze degli Altri:** Essere sensibili alle esigenze e ai sentimenti degli altri durante gli incontri sociali può aiutare a evitare malintesi e conflitti. Adatta il tuo comportamento in base alle situazioni e rispondi in modo empatico e rispettoso.

2. **In Contesti Professionali:**

- o **Leggere le Dinamiche di Gruppo:** Nei contesti professionali, il nunchi può aiutarti a comprendere meglio le dinamiche di gruppo e a navigare le relazioni con colleghi e superiori. Presta attenzione alle interazioni e alle reazioni degli altri per adattare il tuo approccio e migliorare la collaborazione.

- o **Gestire le Relazioni con I Clienti:** Utilizzare il nunchi per leggere le esigenze e le aspettative dei clienti può contribuire a fornire un servizio migliore e a costruire relazioni professionali più solide e durature.

3. **Durante la Vita Quotidiana:**

- o **Comportamento e Comunicazione:** In ogni interazione quotidiana, applica i principi del nunchi per adattare il tuo comportamento e la tua comunicazione alle circostanze. Questo ti aiuterà a interagire in modo più efficace e a migliorare la qualità delle tue relazioni.

- o **Adattamento alle Situazioni:** Essere in grado di modificare il tuo comportamento e le tue reazioni in base alle situazioni quotidiane ti permetterà di affrontare le sfide con maggiore facilità e di mantenere relazioni armoniose e positive.

Benefici dell'Applicazione del Nunchi nella Vita Quotidiana Italiana

Applicare il nunchi alla vita quotidiana italiana offre numerosi vantaggi:

1. **Miglioramento delle Relazioni Interpersonali:**

   - o **Costruzione di Legami più Forti:** Utilizzare il nunchi per comprendere e rispondere alle dinamiche sociali e culturali contribuisce a costruire relazioni più significative e autentiche.

2. **Efficacia nelle Comunicazioni:**

   - o **Facilitazione della Comunicazione:** La capacità di leggere e rispondere ai segnali sociali e culturali migliora la qualità della comunicazione e facilita le interazioni quotidiane.

3. **Integrazione Culturale:**

   o **Adattamento alla Cultura Locale:** Integrare il nunchi nella vita quotidiana italiana aiuta a comprendere meglio le specificità culturali e a adattarsi con successo alla cultura locale.

In conclusione, espandere il nunchi nella vita quotidiana italiana significa utilizzare i principi dell'arte coreana di percepire e rispondere alle dinamiche sociali in modo da arricchire e migliorare le interazioni personali e professionali. Adattare il nunchi alle specificità culturali italiane offre una preziosa opportunità per navigare con successo tra le complessità social e culturali, contribuendo a costruire relazioni più armoniose e autentiche e a migliorare la propria esperienza quotidiana in Italia.

Ecco alcuni esempi concreti di vita vissuta che dimostrano come il nunchi può essere applicato e adattato alla vita quotidiana italiana:

1. **Incontri Sociali:**

   o **Cena di Famiglia:** Marco, un imprenditore italiano, partecipa a una cena di famiglia con parenti che non vedeva da tempo. Durante la cena, utilizza il nunchi per notare le dinamiche tra i membri della famiglia, percependo chi sembra più introverso e chi è al centro dell'attenzione. Con questa consapevolezza, Marco contribuisce a mantenere la conversazione equilibrata e a coinvolgere tutti, evitando di accentuare eventuali tensioni familiari.

2. **Ambiente Professionale:**

   o **Incontro di Lavoro:** Laura, una manager di una multinazionale in Italia, sta negoziando un accordo con un cliente importante. Durante la riunione, osserva attentamente il linguaggio del corpo e le espressioni facciali del cliente. Nota che il cliente sembra preoccupato riguardo a certe clausole del contratto. Con questa intuizione, Laura adatta la sua presentazione per affrontare le preoccupazioni specifiche del cliente, migliorando la probabilità di concludere un accordo favorevole per entrambe le parti.

3. **Attività Quotidiana:**

   o **Shopping in Mercato:** Giovanni, un residente di Roma, fa la spesa in un mercato locale. Osserva che il venditore di frutta e verdura sembra particolarmente felice e chiacchierone quel giorno. Utilizzando il nunchi, Giovanni decide di avviare una conversazione più amichevole con il venditore, chiedendo consigli su come preparare i prodotti stagionali. Questo non solo arricchisce l'esperienza di acquisto, ma crea anche un legame positivo con il venditore, portando a un trattamento preferenziale in futuro.

4. **Festività e Tradizioni:**

   o **Festa di Compleanno:** Alessandra viene invitata a una festa di compleanno di un amico di lunga data. Notando che il tono della festa è piuttosto formale, Alessandra decide di adattare il suo comportamento e le sue conversazioni per mantenere un'atmosfera rispettosa e in linea con le aspettative dell'ospite. Il suo atteggiamento consapevole e il suo rispetto per le dinamiche della festa contribuiscono a una serata piacevole e ben accolta dagli altri ospiti.

5. **Eventi Sociali:**

   o **Wedding Planner:** Roberto, un wedding planner che lavora con clienti italiani, utilizza il nunchi per comprendere le aspettative e le emozioni della coppia in procinto di sposarsi. Osserva le piccole tensioni tra i familiari della coppia e si assicura di gestire ogni dettaglio del matrimonio con una sensibilità che rispetti le dinamiche familiari. Questo approccio aiuta a garantire che il matrimonio si svolga senza intoppi e che tutti gli ospiti si sentano a proprio agio.

Conclusioni

Il nunchi, quando integrato con comprensione e sensibilità, diventa una bussola che guida le nostre interazioni quotidiane verso un equilibrio armonioso e una connessione autentica, sia nei contesti culturali familiari che in quelli professionali

Nunchi: Un'Arte Applicabile in Ogni Ambito

Il nunchi, come arte della percezione e dell'empatia, dimostra la sua universalità quando viene applicato con consapevolezza e adattamento, trasformandosi in uno strumento prezioso per navigare con successo in ogni ambito della vita, dal personale al professionale

Il nunchi, radicato nella cultura coreana, si rivela un'arte della percezione e dell'empatia di sorprendente versatilità e applicabilità. Nei suoi principi fondamentali — l'osservazione acuta, la lettura dei segnali non verbali e la risposta empatica — risiede la chiave per migliorare le nostre interazioni in vari contesti. Questa conclusione esplorerà come il nunchi, se applicato con consapevolezza e sensibilità, possa essere un alleato potente in ogni ambito della vita quotidiana, dal personale al professionale.

Applicabilità del Nunchi nei Diversi Contesti

1. Vita Personale:

Nel contesto della vita personale, il nunchi offre strumenti essenziali per costruire e mantenere relazioni significative. La sua applicazione aiuta a:

- **Comprendere e Rispondere alle Emozioni:** La capacità di leggere le emozioni e le intenzioni degli altri attraverso segnali non verbali e sottili cambiamenti nel comportamento consente di rispondere in modo più empatico e appropriato. Questo migliora la qualità delle relazioni interpersonali, rendendo le interazioni più genuine e soddisfacenti.

- **Gestire i Conflitti:** Il nunchi fornisce una guida preziosa per affrontare e risolvere conflitti. Riconoscere le dinamiche sottostanti e le emozioni coinvolte permette di intervenire con maggiore comprensione e diplomazia, evitando escalation e facilitando la risoluzione pacifica delle divergenze.

- **Migliorare la Comunicazione:** La consapevolezza delle dinamiche sociali e culturali contribuisce a una comunicazione più efficace. Il nunchi aiuta a navigare tra le diverse aspettative e stili di comunicazione, promuovendo interazioni più armoniose e soddisfacenti.

2. Ambito Professionale:

Nel mondo del lavoro, il nunchi si dimostra altrettanto prezioso:

- **Leadership Efficace:** I leader che applicano il nunchi possono guidare con maggiore sensibilità e intuizione. La capacità di percepire le esigenze e le preoccupazioni dei membri del team consente di adottare strategie di leadership più inclusive e motivanti, migliorando la coesione e l'efficacia del gruppo.

- **Collaborazione e Dinamiche di Gruppo:** Il nunchi aiuta a comprendere e gestire le dinamiche di gruppo, favorendo un ambiente di lavoro più collaborativo. Riconoscere e rispettare le dinamiche interpersonali e le differenze individuali facilita una cooperazione più fluida e produttiva.

- **Negoziazione e Risoluzione dei Problemi:** In contesti di negoziazione, il nunchi consente di leggere le intenzioni e le preoccupazioni delle controparti, facilitando la ricerca di soluzioni che soddisfino entrambe le parti. La capacità di percepire e rispondere ai segnali non verbali migliora la qualità delle trattative e degli accordi.

3. Vita Quotidiana e Interazioni Sociali:

Il nunchi trova applicazione anche nelle interazioni quotidiane e nei contesti sociali più informali:

- **Interazioni Sociali e Comunitarie:** Nelle attività sociali e comunitarie, il nunchi aiuta a comprendere e adattarsi alle norme e alle aspettative locali. La capacità di leggere le dinamiche sociali e le emozioni degli altri contribuisce a creare un ambiente di rispetto e collaborazione.

- **Esperienze Culturali:** Il nunchi arricchisce la nostra capacità di vivere e apprezzare esperienze culturali diverse. Saper osservare e rispondere alle norme e alle tradizioni culturali con sensibilità e apertura migliora la nostra integrazione e apprezzamento per la diversità culturale.

In sintesi, il nunchi si rivela un'arte preziosa e applicabile in ogni ambito della vita. La sua capacità di migliorare la percezione, l'empatia e la comunicazione lo rende uno strumento versatile e potente per affrontare le sfide quotidiane e per arricchire le nostre interazioni personali e professionali. Integrando i principi del nunchi con consapevolezza e adattamento, possiamo navigare con successo tra le complessità delle nostre vite e costruire relazioni più genuine e soddisfacenti. La sua applicazione universale dimostra che, al di là delle differenze culturali, la capacità di comprendere e rispondere con sensibilità è un valore universale che può trasformare profondamente la nostra esperienza di vita.

L'Importanza della Pratica Continua

La pratica continua del nunchi non solo affina la nostra capacità di percepire e rispondere alle dinamiche sociali, ma trasforma gradualmente ogni interazione in un'opportunità di crescita personale e connessione autentica

Il nunchi, come arte della percezione e dell'empatia, richiede una pratica costante per essere sviluppato e affinato. Questa pratica continua non solo rafforza le nostre abilità interpersonali, ma ci permette di navigare con maggiore successo le complessità delle interazioni quotidiane. Per apprezzare appieno l'importanza della pratica continua, è fondamentale esplorare come questa contribuisca al miglioramento delle nostre capacità e alla nostra crescita personale.

Perché la Pratica Continua è Essenziale

1. Sviluppo della Sensibilità:

La pratica continua del nunchi è cruciale per sviluppare una sensibilità sempre più acuta alle dinamiche sociali e alle emozioni degli altri. Con il tempo, diventa più facile percepire sottili cambiamenti nel comportamento, nelle espressioni facciali e nei segnali non verbali. Questa sensibilità migliora la nostra capacità di rispondere in modo empatico e appropriato, facilitando interazioni più genuine e costruttive.

2. Adattamento ai Contesti Diversi:

Ogni contesto sociale o culturale può presentare sfide uniche e dinamiche particolari. La pratica continua del nunchi ci consente di adattarci a questi contesti diversi, affinando la nostra capacità di comprendere e rispettare norme e aspettative specifiche. Questo adattamento aumenta la nostra efficacia nelle interazioni e ci aiuta a integrarsi meglio in ambienti sociali e professionali variabili.

3. Miglioramento delle Competenze Relazionali:

Le competenze relazionali si affinano con l'esperienza. La pratica costante del nunchi ci offre l'opportunità di affinare le nostre abilità di comunicazione, negoziazione e gestione dei conflitti. Ogni interazione diventa un'opportunità per applicare e migliorare queste competenze, rendendole sempre più naturali e integrate nella nostra vita quotidiana.

4. Crescita Personale e Professionale:

La pratica del nunchi contribuisce alla nostra crescita personale e professionale, poiché ci incoraggia a riflettere su come le nostre azioni e reazioni influenzano gli altri. Questa consapevolezza porta a una maggiore autoregolazione e a una migliore capacità di adattare il nostro comportamento alle esigenze degli altri. Inoltre, migliorare le nostre competenze relazionali e comunicative ha un impatto positivo sulla nostra carriera, facilitando la costruzione di relazioni professionali più solide e produttive.

Strategie per una Pratica Efficace del Nunchi

1. Osservare Attivamente:

La pratica continua del nunchi inizia con un'osservazione attiva. Durante le interazioni quotidiane, presta attenzione ai segnali non verbali e alle dinamiche sociali. Cerca di comprendere le emozioni e le intenzioni degli altri attraverso la lettura di espressioni facciali, linguaggio del corpo e tono della voce. Questa osservazione attiva ti aiuterà a rispondere in modo più adeguato e a costruire relazioni più significative.

2. Riflettere e Apprendere:

Dopo ogni interazione, dedica del tempo alla riflessione. Chiediti come hai percepito e risposto alle dinamiche socia i e se ci sono aspetti che potresti migliorare. La riflessione ti permette di apprendere dai tuoi successi e dalle tue aree di miglioramento, contribuendo a una crescita continua delle tue abilità di nunchi.

3. Chiedere Feedback:

Non avere paura di chiedere feedback agli altri sulle tue interazioni. Questo può fornire preziose intuizioni su come il tuo comportamento viene percepito e su eventuali aree in cui potresti migliorare. Utilizzare il feedback in modo costruttivo ti aiuterà a affinare le tue competenze di nunchi e a diventare più consapevole delle tue dinamiche relazionali.

4. Praticare l'Ascolto Attivo:

L'ascolto attivo è una componente fondamentale del nunchi. Quando interagisci con gli altri, assicurati di ascoltare attentamente ciò che dicono e di rispondere con empatia. Evita di interrompere e cerca di comprendere il punto di vista dell'altro. Questo non solo migliora la tua capacità di percepire le dinamiche sociali, ma dimostra anche rispetto e attenzione verso gli interlocutori.

5. Applicare il Nunchi in Diversi Contesti:

Cerca di applicare il nunchi in una varietà di contesti, sia personali che professionali. Questo ti permetterà di affinare le tue competenze e di adattarle a diverse situazioni. Ogni contesto offre opportunità uniche per praticare e migliorare il nunchi, contribuendo a una comprensione più profonda e a una maggiore efficacia nelle tue interazioni.

Benefici della Pratica Continua del Nunchi

La pratica continua del nunchi porta con sé numerosi benefici:

1. Relazioni più Profonde e Autentiche:

Coltivare il nunchi con costanza aiuta a costruire relazioni più profonde e autentiche. La capacità di comprendere e rispondere in modo empatico migliora la qualità delle interazioni e facilita la creazione di legami significativi.

2. Maggiore Successo Professionale:

Nel contesto professionale, la pratica continua del nunchi contribuisce a una maggiore efficacia nella comunicazione e nella collaborazione. Migliorare le competenze relazionali e di negoziazione può avere un impatto positivo sulla tua carriera e sulle tue opportunità professionali.

3. Crescita Personale:

La riflessione e l'apprendimento continuo derivanti dalla pratica del nunchi favoriscono la crescita personale. Questa crescita si manifesta in una maggiore consapevolezza di sé e degli altri, in una migliore regolazione delle emozioni e in una maggiore capacità di adattarsi e rispondere alle esigenze degli altri.

In conclusione, la pratica continua del nunchi è essenziale per affinare e migliorare le nostre capacità di percezione e empatia. Attraverso l'osservazione attiva, la riflessione e l'applicazione in diversi contesti, possiamo sviluppare competenze relazionali più sofisticate e navigare con successo le complessità delle interazioni quotidiane. La pratica del nunchi non solo arricchisce le nostre relazioni personali e professionali, ma contribuisce anche alla nostra crescita e al nostro successo complessivo. Integrando il nunchi nella nostra vita quotidiana con costanza e consapevolezza, possiamo trasformare ogni interazione in un'opportunità di crescita e connessione autentica.

Un Invito all'Azione e alla Condivisione

Il nunchi, con la sua radice profonda nella cultura coreana e la sua applicabilità universale, non è solo una tecnica per migliorare le relazioni interpersonali ma un autentico invito a trasformare il nostro modo di vivere e interagire. Questa conclusione serve come un appello a non solo comprendere i principi del nunchi, ma a metterli in pratica in ogni aspetto della nostra vita quotidiana e a condividerli con gli altri.

Il Potere del Nunchi nella Vita Quotidiana

Il nunchi offre una lente attraverso la quale possiamo osservare e comprendere le dinamiche sociali con una maggiore acuità. Applicare il nunchi non significa solo riconoscere le emozioni e le intenzioni degli altri, ma anche rispondere a queste percezioni in modo che promuova relazioni più genuine e armoniose. Quando ci impegniamo a praticare il nunchi, creiamo spazi di connessione autentica e miglioriamo la qualità delle nostre interazioni personali e professionali.

In ogni incontro, sia personale che professionale, il nunchi ci invita a prestare attenzione ai segnali sottili che spesso trascuriamo. Riconoscere e comprendere questi segnali può aiutarci a rispondere in modo più empatico e appropriato, trasformando le nostre interazioni quotidiane in opportunità per costruire legami più profondi e significativi. Questo approccio non solo arricchisce le nostre relazioni, ma ci consente di navigare le complessità delle interazioni sociali con maggiore facilità e successo.

La Condivisione del Nunchi con Altri

Uno degli aspetti più potenti del nunchi è la sua capacità di influenzare positivamente le dinamiche di gruppo e le culture organizzative. Quando condividiamo le conoscenze e le pratiche del nunchi con gli altri, contribuiamo a creare ambienti più collaborativi e rispettosi. Il nunchi, applicato collettivamente, può migliorare la comunicazione e la comprensione reciproca, facilitando la creazione di spazi in cui tutti si sentono ascoltati e rispettati.

In un contesto professionale, introdurre il concetto di nunchi può portare a una cultura aziendale più empatica e inclusiva. Leader e collaboratori che praticano il nunchi sono in grado di riconoscere e rispondere meglio alle esigenze e alle preoccupazioni dei membri del team, promuovendo un ambiente di lavoro più armonioso e produttivo. La condivisione di questa pratica all'interno di un'organizzazione può contribuire a una maggiore coesione e a una gestione più efficace delle dinamiche di gruppo.

Nel contesto sociale, condividere il nunchi significa promuovere una cultura di sensibilità e rispetto. Incontri familiari, eventi sociali e attività comunitarie possono beneficiare enormemente dall'applicazione dei principi del nunchi, poiché questi favoriscono un ambiente di interazione più empatico e comprensivo. Incoraggiare gli altri a praticare il nunchi contribuisce a costruire una società in cui le relazioni sono basate su una comprensione reciproca e un rispetto autentico.

Impegnarsi nella Pratica del Nunchi

Praticare il nunchi è un impegno continuo che richiede dedizione e consapevolezza. Per iniziare, è essenziale sviluppare un'abitudine di osserv azione e riflessione che diventi parte integrante della nostra vita quotidiana. Ogni interazione offre l'opportunità di applicare i principi del nunchi e di crescere come individui empatici e consapevoli. Il primo passo è quello di essere pienamente presenti nei momenti di comunicazione, ascoltando attentamente e osservando le risposte non verbali degli altri.

Ecco alcuni suggerimenti per un'implementazione efficace del nunchi:

1. **Iniziare con la Consapevolezza:** Dedica del tempo a osservare e comprendere i tuoi interlocutori. Nota le loro espressioni facciali, il linguaggio del corpo e il tono della voce. Questa consapevolezza iniziale è fondamentale per sviluppare una comprensione più proforda delle loro emozioni e intenzioni.

2. **Praticare l'Ascolto Attivo:** Quando interagisci con gli altri, assicurati di ascoltare non solo le parole che vengono pronunciate, ma anche i silenzi e le pause. L'ascolto attivo implica una piena attenzione a ciò che viene comunicato e una risposta che dimostri empatia e comprensione.

3. **Riflettere sulle Interazioni:** Dopo ogni interazione, prenditi un momento per riflettere su come hai applicato il nunchi. Considera cosa ha funzionato bene e cosa potrebbe essere migliorato. Questa riflessione ti aiuterà a affinare le tue capacità e a fare progressi nella tua pratica del nunchi.

4. **Integrare il Nunchi nelle Routine Quotidiane:** Trova modi per integrare il nunchi nelle tue routine quotidiane, sia che si tratti di incontri formali che di conversazioni informali. Ogni occasione è un'opportunità per mettere in pratica i principi del nunchi e per migliorare le tue competenze relazionali.

5. **Educare e Ispirare gli Altri:** Condividi la tua esperienza con il nunchi con familiari, amici e colleghi. Parla dei benefici che hai riscontrato e incoraggia gli altri a praticare il

nunchi. La condivisione delle tue esperienze non solo aiuta gli altri a crescere, ma contribuisce anche a creare una cultura di empatia e comprensione.

Impatto della Pratica Continua

Impegnarsi nella pratica continua del nunchi ha un impatto profondo e duraturo sulla nostra vita e sulle nostre relazioni. Non solo migliora la qualità delle interazioni quotidiane, ma contribuisce anche a una crescita personale e professionale sostenibile. La pratica del nunchi ci aiuta a sviluppare una maggiore consapevolezza di noi stessi e degli altri, a migliorare la nostra comunicazione e a costruire relazioni più autentiche e soddisfacenti.

Nel lungo periodo, la pratica continua del nunchi porta a una maggiore capacità di affrontare le sfide interpersonali con calma e comprensione. Questo non solo arricchisce la nostra vita personale, ma ci prepara anche a essere leader più empatici e collaborativi. La trasformazione che deriva dalla pratica del nunchi è una testimonianza del potere delle abilità relazionali nel creare una vita più significativa e soddisfacente.

In conclusione, il nunchi non è solo una pratica da adottare, ma un impegno continuo verso la costruzione di relazioni più profonde e significative. Praticare il nunchi ogni giorno e condividerlo con gli altri arricchisce la nostra vita e contribuisce a una società più empatica e comprensiva. Lavorare costantemente su queste abilità ci permette di migliorare non solo la qualità delle nostre interazioni, ma anche il nostro benessere personale e professionale. Adottando il nunchi come una guida per le nostre azioni e interazioni, possiamo trasformare ogni incontro in un'opportunità per crescere, connettersi e costruire una vita più armoniosa e soddisfacente.

Ringraziamenti

Paolo Maria Lancia, oltre a essere un autore di successo nel campo dello sviluppo personale, della leadership e del management, è un professionista con una vasta esperienza nella consulenza aziendale. Da oltre vent'anni, lavora come consulente strategico per diverse multinazionali e PMI, supportando i loro dirigenti e team nella definizione di strategie efficaci per la crescita e l'ottimizzazione dei processi aziendali. La sua attività non si limita al settore privato: Paolo Maria è anche un apprezzato formatore e speaker in conferenze internazionali, dove condivide le sue conoscenze su temi come la leadership, il management sostenibile e l'innovazione. La sua passione per la crescita personale lo porta a dedicare parte del suo tempo a progetti di mentoring e coaching, con l'obiettivo di aiutare le persone a sbloccare il loro pieno potenziale.

Parallelamente alla sua attività professionale, Paolo Maria è un convinto sostenitore della sostenibilità e dell'impatto sociale positivo. Collabora con organizzazioni non governative e fondazioni per promuovere l'adozione di pratiche sostenibili e l'educazione alla responsabilità ambientale. La sua visione è quella di un mondo in cui il progresso economico vada di pari passo con la tutela dell'ambiente e il benessere delle comunità, e lavora instancabilmente per tradurre questa visione in realtà attraverso i suoi progetti e le sue iniziative.

Se hai trovato questo libro utile e ispirante, ti invitiamo a lasciare una recensione a 5 stelle su Amazon. Le tue opinioni sono estremamente importanti per noi e per Paolo Maria, poiché aiutano non solo a migliorare la qualità dei contenuti offerti, ma anche a far conoscere questi libri a un pubblico più ampio. Ogni recensione rappresenta un contributo prezioso alla diffusione delle idee e degli strumenti che possono trasformare la vita delle persone, proprio come ha fatto per te. Grazie di cuore per il tuo supporto e per aver scelto di intraprendere questo viaggio di crescita personale e professionale con Paolo Maria Lancia.